心一堂術數古籍珍本叢刊

書名：《蔣子挨星圖》附《玉鑰匙》（虛白廬藏本）【原（彩）色本】
系列：心一堂術數古籍珍本叢刊　堪輿類　第二輯　158
作者：傳【清】蔣大鴻等
主編、責任編輯：陳劍聰
心一堂術數古籍珍本叢刊編校小組：陳劍聰　素聞　鄒偉才　虛白盧主

出版：心一堂有限公司
通訊地址：香港九龍旺角彌敦道六一〇號荷李活商業中心十八樓〇五—〇六室
深港讀者服務中心：中國深圳市羅湖區立新路六號羅湖商業大廈負一層〇〇八室
電話號碼：(852)67150840
網址：publish.sunyata.cc
電郵：sunyatabook@gmail.com
網店：http://book.sunyata.cc
淘寶店地址：https://shop210782774.taobao.com
微店地址：https://weidian.com/s/1212826297
臉書：https://www.facebook.com/sunyatabook
讀者論壇：http://bbs.sunyata.cc/

版次：二零一九年三月初版
平裝

定價：港幣　一百九十八元正
新台幣　七百八十元正
國際書號：ISBN 978-988-8582-48-8

香港發行：香港聯合書刊物流有限公司
地址：香港新界大埔汀麗路36號中華商務印刷大廈3樓
電話號碼：(852)2150-2100
傳真號碼：(852)2407-3062
電郵：info@suplogistics.com.hk

台灣發行：秀威資訊科技股份有限公司
地址：台灣台北市內湖區瑞光路七十六巷六十五號一樓
電話號碼：+886-2-2796-3638
傳真號碼：+886-2-2796-1377
網絡書店：www.bodbooks.com.tw
台灣秀威書店讀者服務中心：
地址：台灣台北市中山區松江路二〇九號一樓
電話號碼：+886-2-2518-0207
傳真號碼：+886-2-2518-0778
網絡書店：http://www.govbooks.com.tw

中國大陸發行　零售：深圳心一堂文化傳播有限公司
深圳地址：深圳市羅湖區立新路六號羅湖商業大廈負一層〇〇八室
電話號碼：(86)0755-82224934

心一堂微店二維碼

心一堂淘寶店二維碼

心一堂術數古籍 珍本 整理 叢刊 總序

術數定義

術數，大概可謂以「推算（推演）、預測人（個人、群體、國家等）、事、物、自然現象、時間、空間方位等規律及氣數，並或通過種種『方術』，從而達致趨吉避凶或某種特定目的」之知識體系和方法。

術數類別

我國術數的內容類別，歷代不盡相同，例如《漢書・藝文志》中載，漢代術數有六類：天文、曆譜、五行、蓍龜、雜占、形法。至清代《四庫全書》，術數類則有：數學、占候、相宅相墓、占卜、命書、相書、陰陽五行、雜技術等，其他如《後漢書・方術部》、《藝文類聚・方術部》、《太平御覽・方術部》等，對於術數的分類，皆有差異。古代多把天文、曆譜、及部分數學均歸入術數類，而民間流行亦視傳統醫學作為術數的一環；此外，有些術數與宗教中的方術亦往往難以分開。現代民間則常將各種術數歸納為五大類別：命、卜、相、醫、山，通稱「五術」。

本叢刊在《四庫全書》的分類基礎上，將術數分為九大類別：占筮、星命、相術、堪輿、選擇、三式、讖諱、理數（陰陽五行）、雜術（其他）。而未收天文、曆譜、算術、宗教方術、醫學。

術數思想與發展——從術到學，乃至合道

我國術數是由上古的占星、卜筮、形法等術發展下來的。其中卜筮之術，是歷經夏商周三代而通過「龜卜、蓍筮」得出卜（筮）辭的一種預測（吉凶成敗）術，之後歸納並結集成書，此即現傳之《易

經》。經過春秋戰國至秦漢之際，受到當時諸子百家的影響、儒家的推崇，遂有《易傳》等的出現，原本是卜筮術書的《易經》，被提升及解讀成有包涵「天地之道（理）」之學。因此，《易・繫辭傳》曰：「易與天地準，故能彌綸天地之道。」

漢代以後，易學中的陰陽學說，與五行、九宮、干支、氣運、災變、律曆、卦氣、讖緯、天人感應說等相結合，形成易學中象數系統。而其他原與《易經》本來沒有關係的術數，如占星、形法、選擇，亦漸漸以易理（象數學說）為依歸。《四庫全書・易類小序》云：「術數之興，多在秦漢以後。要其旨，不出乎陰陽五行，生尅制化。實皆《易》之支派，傳以雜說耳。」至此，術數可謂已由「術」發展成「學」。

及至宋代，術數理論與理學中的河圖洛書、太極圖、邵雍先天之學及皇極經世等學說給合，通過術數以演繹理學中「天地中有一太極，萬物中各有一太極」（《朱子語類》）的思想。術數理論不單已發展至十分成熟，而且也從其學理中衍生一些新的方法或理論，如《梅花易數》、《河洛理數》等。

在傳統上，術數功能往往不止於僅僅作為趨吉避凶的方術，及「能彌綸天地之道」的學問，亦有其「修心養性」的功能，「與道合一」（修道）的內涵。《素問・上古天真論》：「上古之人，其知道者，法於陰陽，和於術數。」數之意義，不單是外在的算數、歷數、氣數，而是與理學中同等的「道」、「理」--心性的功能，北宋理氣家邵雍對此多有發揮：「聖人之心，是亦數也」、「萬化萬事生乎心」、「心為太極」。《觀物外篇》：「先天之學，心法也。……蓋天地萬物之理，盡在其中矣，心一而不分，則能應萬物。」反過來說，宋代的術數理論，受到當時理學、佛道及宋易影響，認為心性本質上是等同天地之太極。天地萬物氣數規律，能通過內觀自心而有所感知，即是內心也已具備有術數的推演及預測、感知能力；相傳是邵雍所創之《梅花易數》，便是在這樣的背景下誕生。

《易・文言傳》已有「積善之家，必有餘慶；積不善之家，必有餘殃」之說，至漢代流行的災變說及讖緯說，我國數千年來都認為天災，異常天象（自然現象），皆與一國或一地的施政者失德有關；下至家族、個人之盛衰，也都與一族一人之德行修養有關。因此，我國術數中除了吉凶盛衰理數之外，人心的德行修養，也是趨吉避凶的一個關鍵因素。

術數與宗教、修道

在這種思想之下，我國術數不單只是附屬於巫術或宗教行為的方術，又往往是一種宗教的修煉手段——通過術數，以知陰陽，乃至合陰陽（道）。「其知道者，法於陰陽，和於術數。」例如，「奇門遁甲」術中，即分為「術奇門」與「法奇門」兩大類。「法奇門」中有大量道教中符籙、手印、存想、內煉的內容，是道教內丹外法的一種重要外法修煉體系。甚至在雷法一系的修煉上，亦大量應用了術數內容。此外，相術、堪輿術中也有修煉望氣（氣的形狀、顏色）的方法；堪輿家除了選擇陰陽宅之吉凶外，也有道教中選擇適合修道環境（法、財、侶、地中的地）的方法，以至通過堪輿術觀察天地山川陰陽之氣，亦成為領悟陰陽金丹大道的一途。

易學體系以外的術數與的少數民族的術數

我國術數中，也有不用或不全用易理作為其理論依據的，如揚雄的《太玄》、司馬光的《潛虛》。也有一些占卜法、雜術不屬於《易經》系統，不過對後世影響較少而已。

外來宗教及少數民族中也有不少雖受漢文化影響（如陰陽、五行、二十八宿等學說。）但仍自成系統的術數，如古代的西夏、突厥、吐魯番等占卜及星占術，藏族中有多種藏傳佛教占卜術、苯教占卜術、擇吉術、推命術、相術等；北方少數民族有薩滿教占卜術；不少少數民族如水族、白族、布朗族、佤族、彝族、苗族等，皆有占雞（卦）草卜、雞蛋卜等術，納西族的占星術、占卜術，彝族畢摩的推命術、占卜術……等等，都是屬於《易經》體系以外的術數。相對上，外國傳入的術數以及其理論，對我國術數影響更大。

曆法、推步術與外來術數的影響

我國的術數與曆法的關係非常緊密。早期的術數中，很多是利用星宿或星宿組合的位置（如某星在某州或某宮某度）付予某種吉凶意義，并據之以推演，例如歲星（木星）、月將（某月太陽所躔之宮次）等。不過，由於不同的古代曆法推步的誤差及歲差的問題，若干年後，其術數所用之星辰的位置，已與真實星辰的位置不一樣了；此如歲星（木星），早期的曆法及術數以十二年為一周期（以應地支），與木星真實周期十一點八六年，每幾十年便錯一宮。後來術家又設一「太歲」的假想星體來解決，是歲星運行的相反，週期亦剛好是十二年。而術數中的神煞，很多即是根據太歲的位置而定。又如六壬術中的「月將」，原是立春節氣後太陽躔娵訾之次而稱作「登明亥將」，至宋代，因歲差的關係，要到雨水節氣後太陽才躔娵訾之次，當時沈括提出了修正，但明清時六壬術中「月將」仍然沿用宋代沈括修正的起法沒有再修正。

由於以真實星象周期的推步術是非常繁複，而且古代星象推步術本身亦有不少誤差，大多數術數除依曆書保留了太陽（節氣）、太陰（月相）的簡單宮次計算外，漸漸形成根據干支、日月等的各自起例，以起出其他具有不同含義的眾多假想星象及神煞系統。唐宋以後，我國絕大部分術數都主要沿用這一系統，也出現了不少完全脫離真實星象的術數，如《子平術》、《紫微斗數》、《鐵版神數》等。後來就連一些利用真實星辰位置的術數，如《七政四餘術》及選擇法中的《天星選擇》，也已與假想星象及神煞混合而使用了。

隨着古代外國曆（推步）、術數的傳入，如唐代傳入的印度曆法及術數，元代傳入的回回曆等，其中我國占星術便吸收了印度占星術中羅睺星、計都星等而形成四餘星，又通過阿拉伯占星術而吸收了其中來自希臘、巴比倫占星術的黃道十二宮、四大（四元素）學說（地、水、火、風），並與我國傳統的二十八宿、五行說、神煞系統並存而形成《七政四餘術》。此外，一些術數中的北斗星名，不用我國傳統的星名：天樞、天璇、天璣、天權、玉衡、開陽、搖光，而是使用來自印度梵文所譯的：貪狼、巨門、祿存、文曲，廉貞、武曲、破軍等，此明顯是受到唐代從印度傳入的曆法及占星術所影響。如星命術中的《紫微斗數》及堪輿術中的《撼龍經》等文獻中，其星皆用印度譯名。及至清初《時憲曆》，置閏之法則改用西法「定氣」。清代以後的術數，又作過不少的調整。

此外，我國相術中的面相術、手相術，唐宋之際受印度相術影響頗大，至民國初年，又通過翻譯歐西、日本的相術書籍而大量吸收歐西相術的內容，形成了現代我國坊間流行的新式相術。

陰陽學——術數在古代、官方管理及外國的影響

術數在古代社會中一直扮演着一個非常重要的角色，影響層面不單只是某一階層、某一職業、某一年齡的人，而是上自帝王，下至普通百姓，從出生到死亡，不論是生活上的小事如洗髮、出行等，大事如建房、入伙、出兵等，從個人、家族以至國家，從天文、氣象、地理到人事、軍事，從民俗、學術到宗教，都離不開術數的應用。我國最晚在唐代開始，已把以上術數之學，稱作陰陽（學），行術數者稱陰陽人。（敦煌文書、斯四三二七唐《師師漫語話》：「以下說陰陽人謾語話」，此說法後來傳入日本，今日本人稱行術數者為「陰陽師」）。一直到了清末，欽天監中負責陰陽術數的官員中，以及民間術數之士，仍名陰陽生。

古代政府的中欽天監（司天監），除了負責天文、曆法、輿地之外，亦精通其他如星占、選擇、堪輿等術數，除在皇室人員及朝庭中應用外，也定期頒行日書、修定術數，使民間對於天文、日曆用事吉凶及使用其他術數時，有所依從。

我國古代政府對官方及民間陰陽學及陰陽官員，從其內容、人員的選拔、培訓、認證、考核、律法監管等，都有制度。至明清兩代，其制度更為完善、嚴格。

宋代官學之中，課程中已有陰陽學及其考試的內容。（宋徽宗崇寧三年〔一一零四年〕崇寧算學令：「諸學生習……並曆算、三式、天文書。」「諸試……三式即射覆及預占三日陰陽風雨。天文即預

定一月或一季分野災祥，並以依經備草合問為通。」

金代司天臺，從民間「草澤人」（即民間習術數人士）考試選拔：「其試之制，以《宣明曆》試推步，及《婚書》、《地理新書》試合婚、安葬，並《易》筮法，六壬課、三命、五星之術。」（《金史》卷五十一．志第三十二．選舉一）

元代為進一步加強官方陰陽學對民間的影響、管理、控制及培育，除沿襲宋代、金代在司天監掌管陰陽學及中央的官學陰陽學課程之外，更在地方上增設陰陽學課程（《元史．選舉志一》：「世祖至元二十八年夏六月始置諸路陰陽學。」）地方上也設陰陽學教授員，培育及管轄地方陰陽人。（《元史．選舉志一》：「（元仁宗）延祐初，令陰陽人依儒醫例，於路、府、州設教授員，凡陰陽人皆管轄之，而上屬於太史焉。」）自此，民間的陰陽術士（陰陽人），被納入官方的管轄之下。

至明清兩代，陰陽學制度更為完善。中央欽天監掌管陰陽學，明代地方縣設陰陽學正術，各州設陰陽學典術，各縣設陰陽學訓術。陰陽人從地方陰陽學肄業或被選拔出來後，再送到欽天監考試。（《大明會典》卷二二三：「凡天下府州縣舉到陰陽人堪任正術等官者，俱從吏部送（欽天監），考中，送回選用；不中者發回原籍為民，原保官吏治罪。」）清代大致沿用明制，凡陰陽術數之流，悉歸中央欽天監及地方陰陽官員管理、培訓、認證。至今尚有「紹興府陰陽印」、「東光縣陰陽學記」等明代銅印，及某某縣某某之清代陰陽執照等傳世。

清代欽天監漏刻科對官員要求甚為嚴格。《大清會典》「國子監」規定：「凡算學之教，設肄業生。滿洲十有二人，蒙古、漢軍各六人，於各旗官學內考取。漢十有二人，於舉人、貢監生童內考取。附學生二十四人，由欽天監選送。教以天文演算法諸書，五年學業有成，舉人引見以欽天監博士用，貢監生童以天文生補用。」學生在官學肄業、貢監生肄業或考得舉人後，經過了五年對天文、算法、陰陽學的學習，其中精通陰陽術數者，會送往漏刻科。而在欽天監供職的官員，《大清會典則例》「欽天監」規定：「本監官生三年考核一次，術業精通者，保題升用。不及者，停其升轉，再加學習。如能黽勉供職，即予開復。仍不及者，降職一等，再令學習三年，能習熟者，准予開復，仍不能者，黜退。」除定期考核以定其升用降職外，《大清律例》中對陰陽術士不準確的推斷（妄言禍福）是要治罪的。《大清律例・一七八・術七・妄言禍福》：「凡陰陽術士，不許於大小文武官員之家妄言禍福，違者杖一百。其依經推算星命卜課，不在禁限。」大小文武官員延請的陰陽術士，自然是以欽天監漏刻科官員或地方陰陽官員為主。

官方陰陽學制度也影響鄰國如朝鮮、日本、越南等地，一直到了民國時期，鄰國仍然沿用着我國的多種術數。而我國的漢族術數，在古代甚至影響遍及西夏、突厥、吐蕃、阿拉伯、印度、東南亞諸國。

術數研究

術數在我國古代社會雖然影響深遠，「是傳統中國理念中的一門科學，從傳統的陰陽、五行、九宮、八卦、河圖、洛書等觀念作大自然的研究。……傳統中國的天文學、數學、煉丹術等，要到上世紀中葉始受世界學者肯定。可是，術數還未受到應得的注意。術數在傳統中國科技史、思想史，文化史、社會史，甚至軍事史都有一定的影響。……更進一步了解術數，我們將更能了解中國歷史的全貌。」（何丙郁《術數、天文與醫學中國科技史的新視野》，香港城市大學中國文化中心。）

可是術數至今一直不受正統學界所重視，加上術家藏秘自珍，又揚言天機不可洩漏，「（術數）乃吾國科學與哲學融貫而成一種學說，數千年來傳衍嬗變，或隱或現，全賴一二有心人為之繼續維繫，賴以不絕，其中確有學術上研究之價值，非徒癡人說夢，荒誕不經之謂也。其所以至今不能在科學中成立一種地位者，實有數因。蓋古代士大夫階級目醫卜星相為九流之學，多恥道之；而發明諸大師又故為惝恍迷離之辭，以待後人探索；間有一二賢者有所發明，亦秘莫如深，既恐洩天地之秘，復恐譏為旁門左道，始終不肯公開研究，成立一有系統說明之書籍，貽之後世。故居今日而欲研究此種學術，實一極困難之事。」（民國徐樂吾《子平真詮評註》，方重審序）

現存的術數古籍，除極少數是唐、宋、元的版本外，絕大多數是明、清兩代的版本。其內容也主要是明、清兩代流行的術數，唐宋或以前的術數及其書籍，大部分均已失傳，只能從史料記載、出土文獻、敦煌遺書中稍窺一鱗半爪。

術數版本

坊間術數古籍版本，大多是晚清書坊之翻刻本及民國書賈之重排本，其中豕亥魚魯，或任意增刪，往往文意全非，以至不能卒讀。現今不論是術數愛好者，還是民俗、史學、社會、文化、版本等學術研究者，要想得一常見術數書籍的善本、原版，已經非常困難，更遑論如稿本、鈔本、孤本等珍稀版本。在文獻不足及缺乏善本的情況下，要想對術數的源流、理法、及其影響，作全面深入的研究，幾不可能。

有見及此，本叢刊編校小組經多年努力及多方協助，在海內外搜羅了二十世紀六十年代以前漢文為主的術數類善本、珍本、鈔本、孤本、稿本、批校本等數百種，精選出其中最佳版本，分別輯入兩個系列：

一、心一堂術數古籍珍本叢刊

二、心一堂術數古籍整理叢刊

前者以最新數碼（數位）技術清理、修復珍本原本的版面，更正明顯的錯訛，部分善本更以原色彩色精印，務求更勝原本。并以每百多種珍本、一百二十冊為一輯，分輯出版，以饗讀者。

後者延請、稿約有關專家、學者，以善本、珍本等作底本，參以其他版本，古籍進行審定、校勘、注釋，務求打造一最善版本，方便現代人閱讀、理解、研究等之用。

限於編校小組的水平，版本選擇及考證、文字修正、提要內容等方面，恐有疏漏及舛誤之處，懇請方家不吝指正。

心一堂術數古籍 珍本 整理 叢刊編校小組

二零零九年七月序

二零一四年九月第三次修訂

乙夘年中秌節

胡煜明藏

蔣子挨星圖

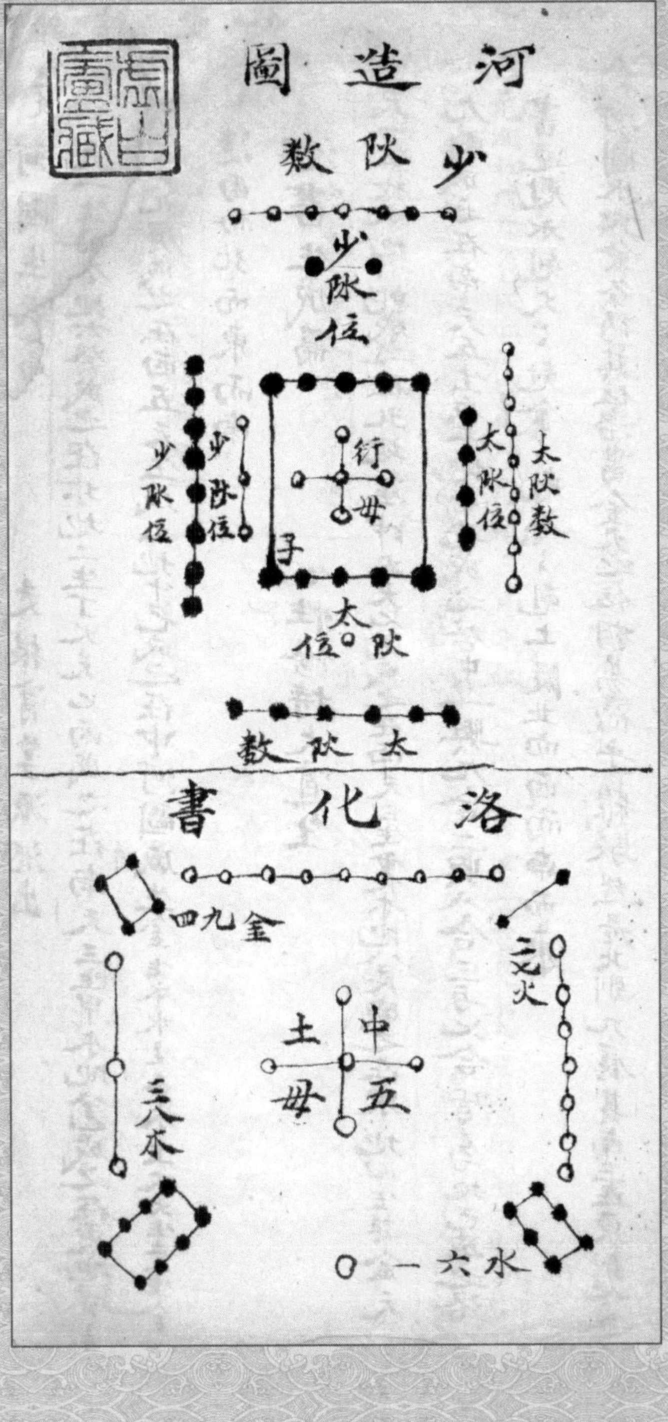
河造圖
少队數
少队位
少队位
少队位
太队位
太队數
衍
母
子
太
位　队
太队數
洛化書
四九金
二七火
中
土
母
五
三八木
水六一

錯綜變化

三叉　河圖生成篇　　靈根育孕源流出

五叉　天一生壬水地六癸成之在北地二生丁火天七丙成之在南天三生甲木地八乙成之在東地四生辛

叉　金天九庚成之在西五天生戊土地十己成之在中河圖順生金生水水生木木生火火生土土生金

六叉　從西而北而東而南

洛書生成篇　　心性修持大道生

天一生坎水地六乾成之在北地二生坤火天七兌成之在西天三生震木地八艮成之在東地四生巽金天九離成之在南天五生戊土地十己成之居中一與九合二與八合三與七合皆為地已成之洛書逆尅水尅火火尅金金尅木木尅土從北而西而南而東

河圖水火金各得其位洛書金火之位相易似乎雜駁然居北則九應其南三在東則七應

在酉以合十數自然之數觀之是亦理之所不得不然者

角亢氐初樓在辰氐二房心尾卯合尾三箕斗在寅位斗四牛女丑宮真女二虛危同在子危十三度亥宮行室壁奎子多在亥奎二婁胃戌宮觀胃四卯畢同纏酉畢又嘴參井居申井九鬼柳俱登未柳四星張午位張十五多翼軫巳軫十還歸在於辰

☲ 離　天地未分圖二氣未交上火下水

☵ 坎

☰ 乾　天地巳分圖二氣一交水火相合　乾坤成矣

☷ 坤

紫白之圖

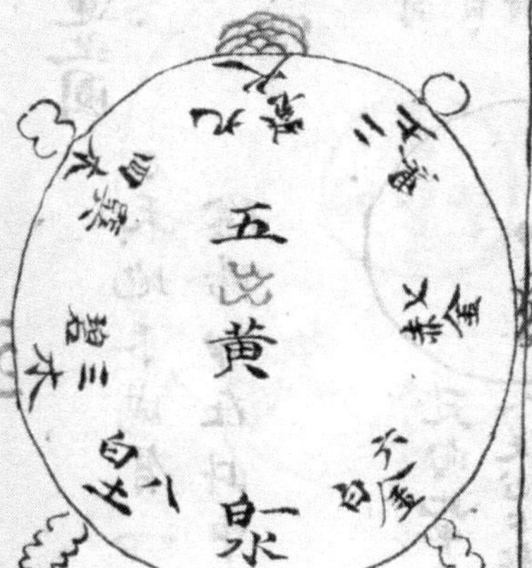

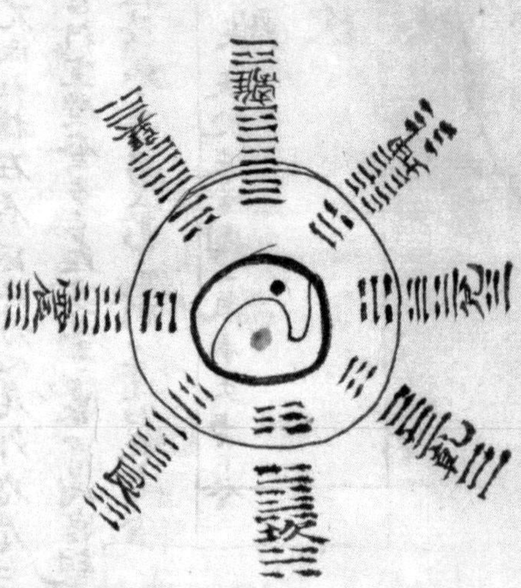

天心正運之圖

天地未成有一理
陰陽却在此中出

自無而有謂之造自有而無謂之化叠造叠化萬物生焉

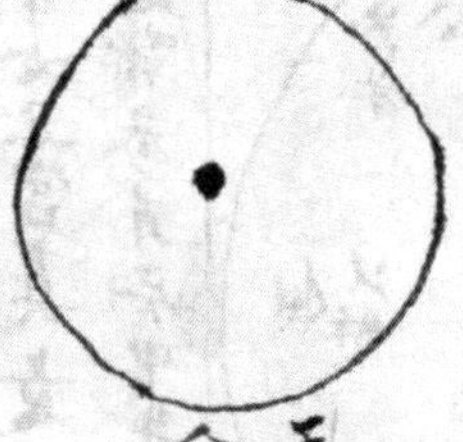

天向此中分造化
人從心上起經綸

正九星方位之圖

先以乾坤而育坎離
次以坤乾而運離坎
大道之根源乃陰陽之祖
氣即混元太極先天真一
之氣　經曰無名天地地之
始、有名萬物之母

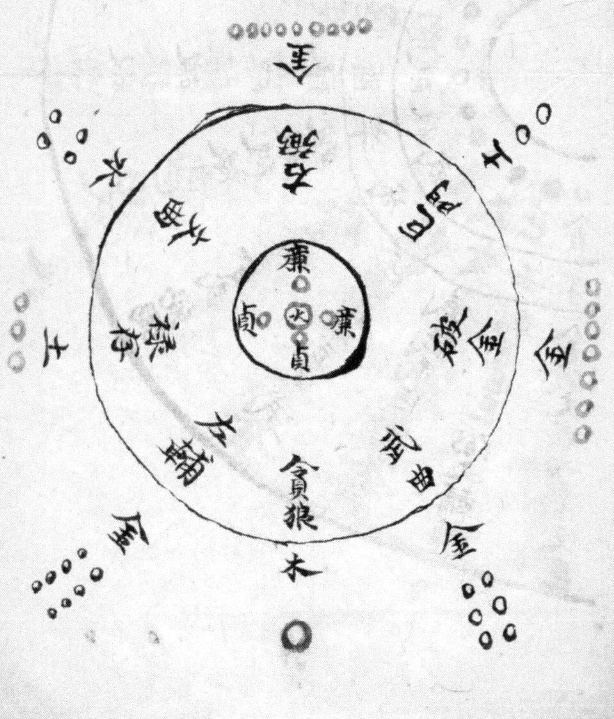

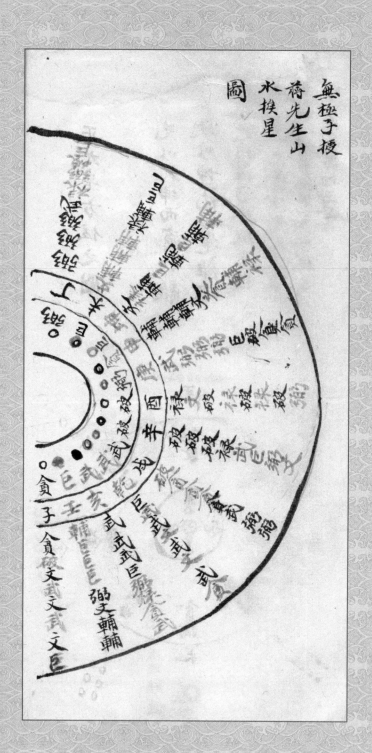

無極子授蔣先生山水挨星圖

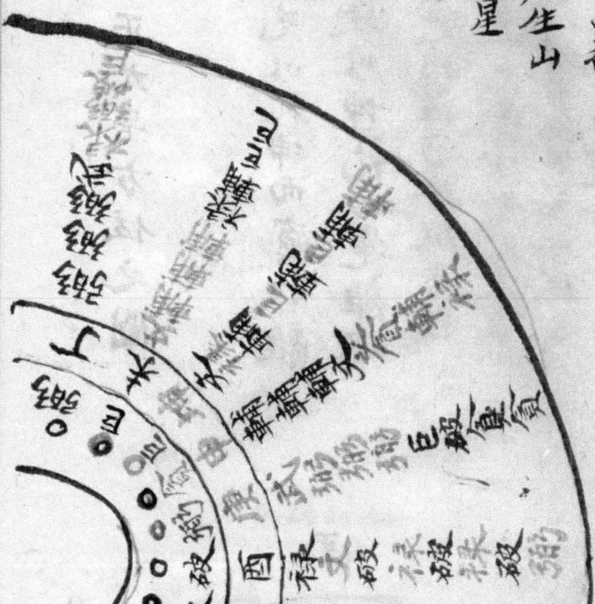

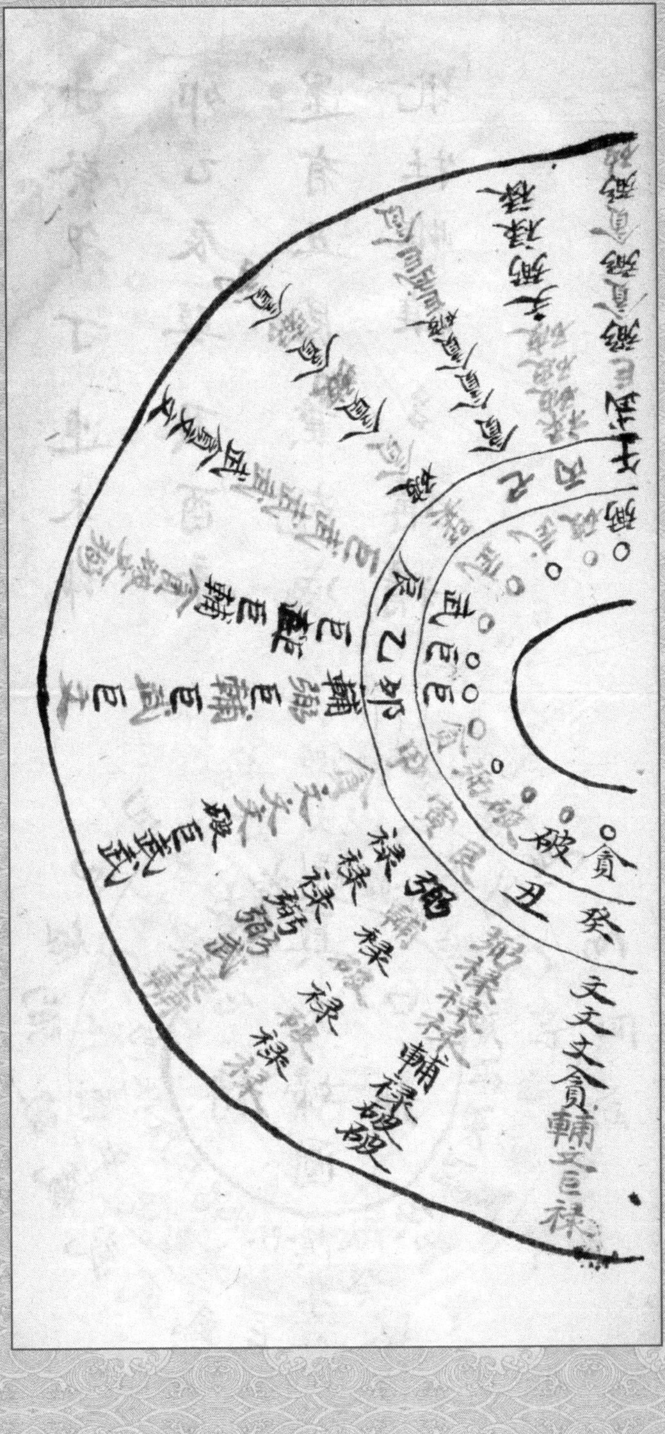

子癸午丁連未坤。

卯乙辰巽及酉辛。

還有丑艮兼乾戌，

牝牡雌雄多媾精。

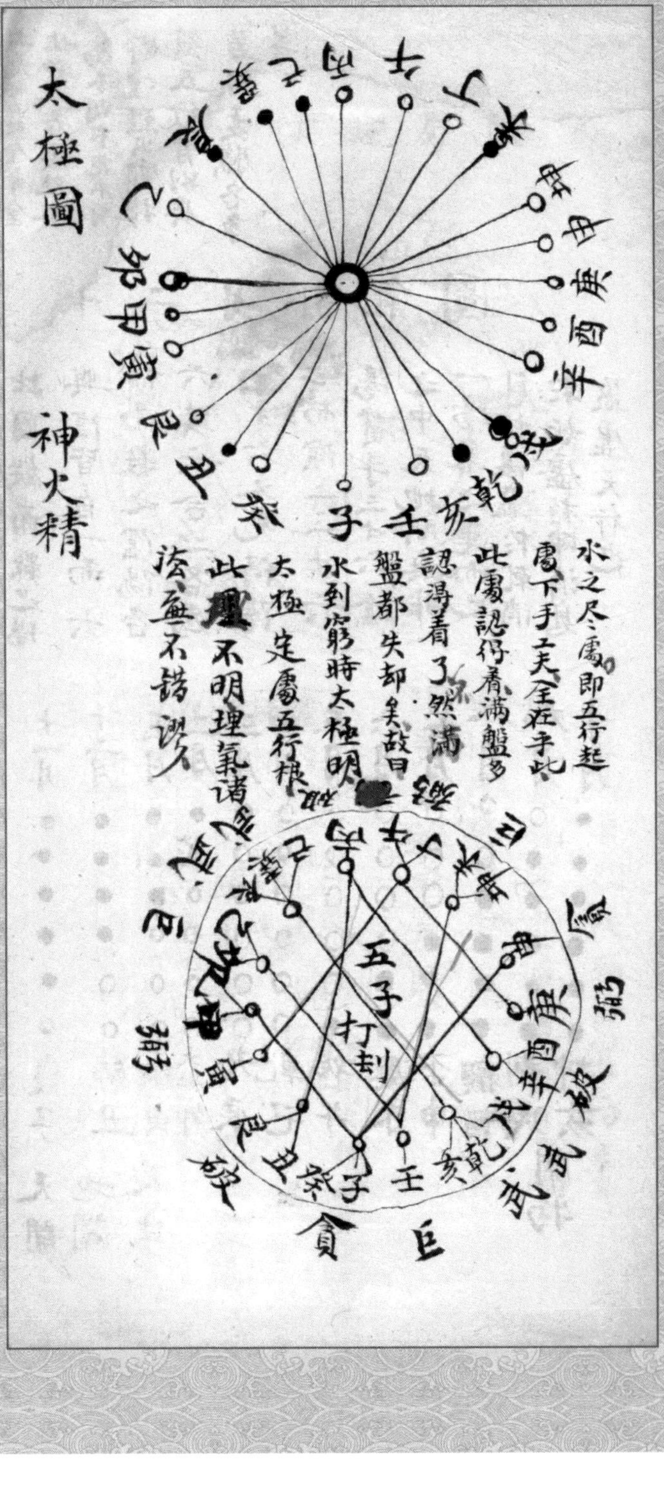
太極圖
神火精
水之尽〻處即五行起
處下手工夫全在乎此
此處認得看滿盤多
認渴着了煞滿
盤都失却矣故曰
水到窮時太極明
太極定處五行根
此理不明理氣諸
家無不錯謬人
五子
打刼

土是母發金芽金
生神水產嬰娃水
為本潤木花木有
輝煌烈火霞攢
簇五行皆別異
若然變驗各爭
差

十二月卦氣圖

此圖縱而數之陽
興陰皆自一而六
橫而數之陰陽各
六其六合之各為
三十六又見得陽
一而陰二三十六
陽貫乎三十六陰
之中天地間無非
一陽氣之運而已
息於復盈於乾消
於姤虛於坤消息
盈虛天行也

月	一	二	三	四	五	六	卦	
十一月	●	●	●	●	●	○	復子	天開
十二月	●	●	●	●	○	○	臨丑	地闢
正月	●	●	●	○	○	○	泰寅	人生
二月	●	●	○	○	○	○	大壯卯	
三月	●	○	○	○	○	○	夬辰	
四月	○	○	○	○	○	○	乾巳	
五月	○	○	○	○	○	●	姤午	
六月	○	○	○	○	●	●	遯未	
七月	○	○	○	●	●	●	否申	
八月	○	○	●	●	●	●	觀酉	
九月	○	●	●	●	●	●	剝戌	閉物
十月	●	●	●	●	●	●	坤亥	

丑癸子

陰局逆行

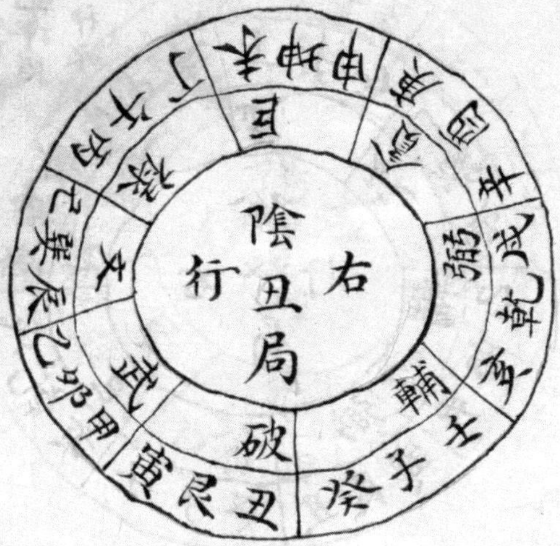

坤壬乙巨門從頭出，艮丙辛
位位是破軍，巽辰亥盡是武
曲位，甲癸申貪狼一路行，庚
丁寅右弼四星臨

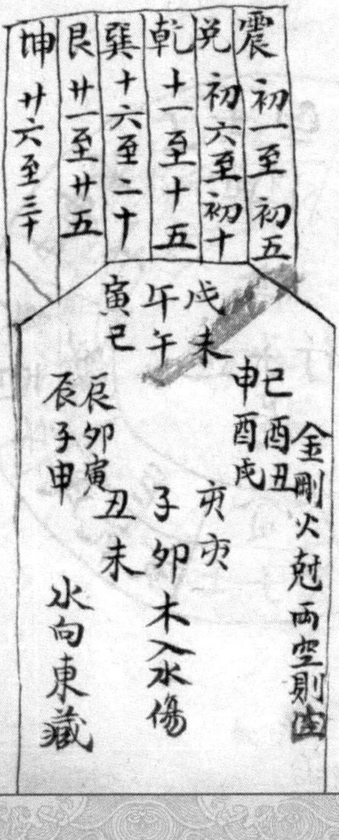

上元陽神丙壬庚申
中元陽神乾坤艮巽中元陰神辰戌丑未
下元陽神寅申巳亥下元陰神乙辛丁癸

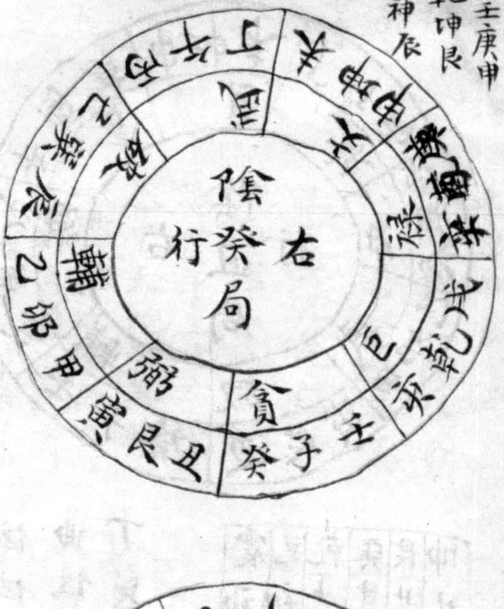

上元陰神子午卯酉

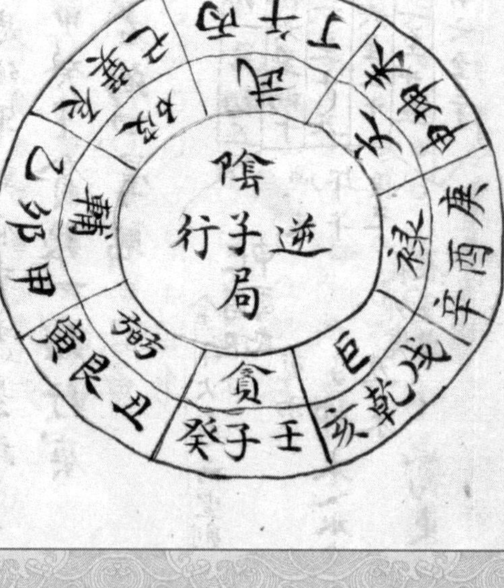

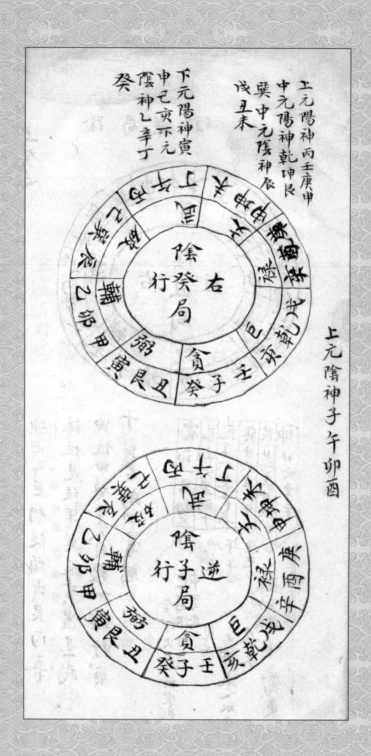

此圖後頁因筆悞故註明

陰局逆行

戌辛酉

陽局順行

艮寅甲　此二圖在前半頁

右
辛
局
陰
行
破
武
文
祿
巨
貪
弼
輔
庚
酉
辛
戌
乾
亥
壬
子
癸
丑
艮
寅
甲
卯
乙
辰
巽
巳
丙
午
丁
未
坤
申

逆
酉
局
陰
行
破
武
文
祿
巨
貪
弼
輔
庚
酉
辛
戌
乾
亥
壬
子
癸
丑
艮
寅
甲
卯
乙
辰
巽
巳
丙
午
丁
未
坤
申

巽巳丙

陽局順行

陰局逆行

未丁午

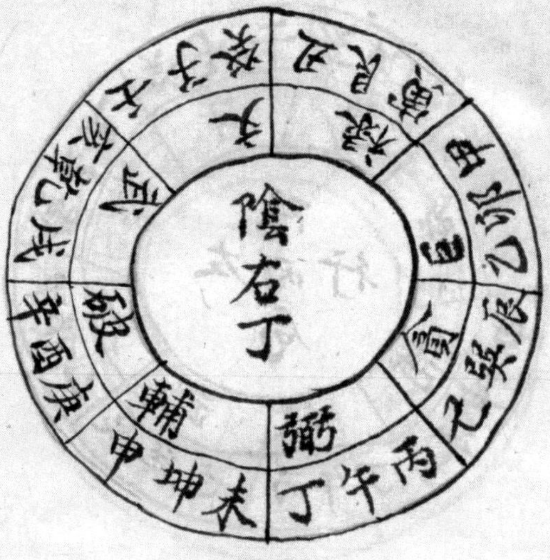
陰右丁
巨
貪
弼
輔
破
武
文
祿

陰逆午
巨
文
弼
輔
破
武
文
祿

陽局順走

坤申庚

陽左坤
巨
祿
文
武
貪
申
坤
未
丁
午
丙
巳
巽
辰
乙
卯
甲
寅
艮
丑
癸
子
壬
亥
乾
戌
辛
酉
庚

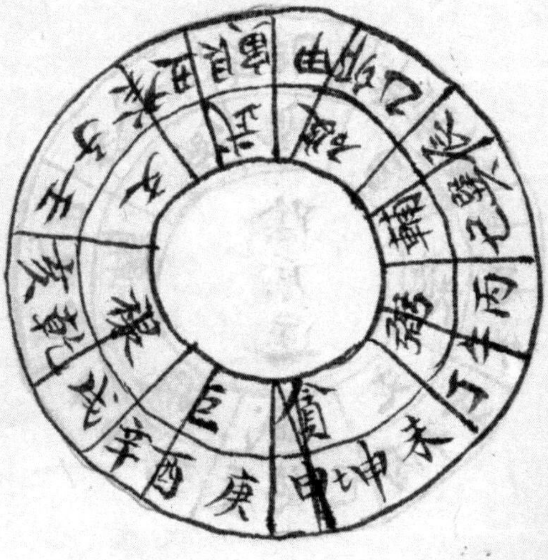
巨
祿
文
申
未
丁
午
丙
巳
巽
辰
乙
卯
甲
寅
艮
丑
癸
子
壬
亥
乾
戌
辛
酉
庚

辰乙卯

陰局逆走

陰乙右

陰卯逆

陽局順飛

乾亥壬

陽乾左
巨
祿
文
武
破
輔
弼
貪
未坤申
庚酉辛
戌乾亥
壬子癸
丑艮寅
甲卯乙
辰巽巳
丙午丁

陽亥局
巨
祿
文
武
破
輔
弼
貪
未坤申
庚酉辛
戌乾亥
壬子癸
丑艮寅
甲卯乙
辰巽巳
丙午丁

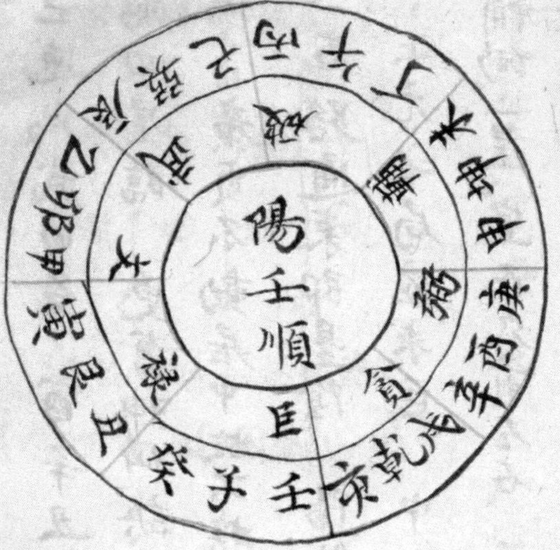

艮寅甲兮巽巳丙坤申庚兮
乾亥壬十弍位陽神俱順行
戌辛酉兮未丁午辰乙卯兮
丑癸子十弍位陰神俱逆走
此二十四圖蔣先生山龍挨星

子癸併甲申貪狼一路行　壬卯乙未坤五位爲巨門　乾亥辰巽巳連戌武曲名　酉辛丑艮丙天心說破軍　寅午丁庚上右弼四星臨　更有神仙訣空位忌神沉　九星貪巨祿文廉武破輔弼　廉貞不動居中故不挨在內　挨法间二位氣從左轉是陽神　右路通來即是陰　陽卦順飛陰逆走　趨真出煞此爲真　上元之局應求巨　中武須知下破軍

輔弼二星宜在穴前左右　不宜在穴後左右

甲己化土、夫從妻化也　乙庚化金　妻從夫化也　丙辛化水　夫從妻之子化也　丁壬化木　妻從夫之子化也　戊癸化火、此謂無情之化　相激而成者也

陽為夫　陰為妻

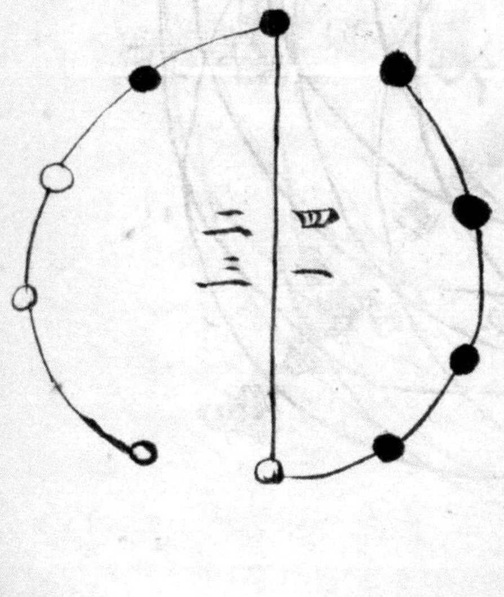

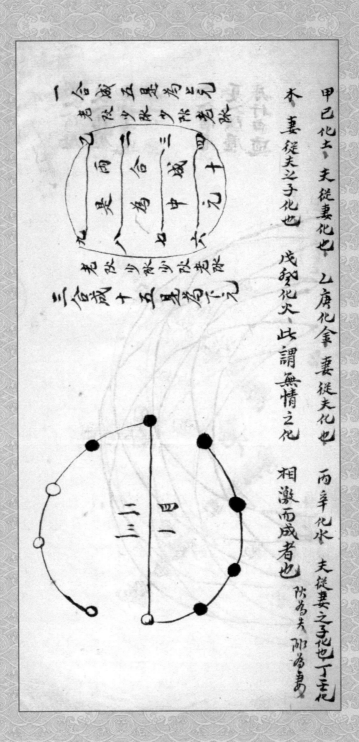

冬入陰歷
夏入陽歷
月行青道

冬入陽歷
夏入陰歷
月行白道

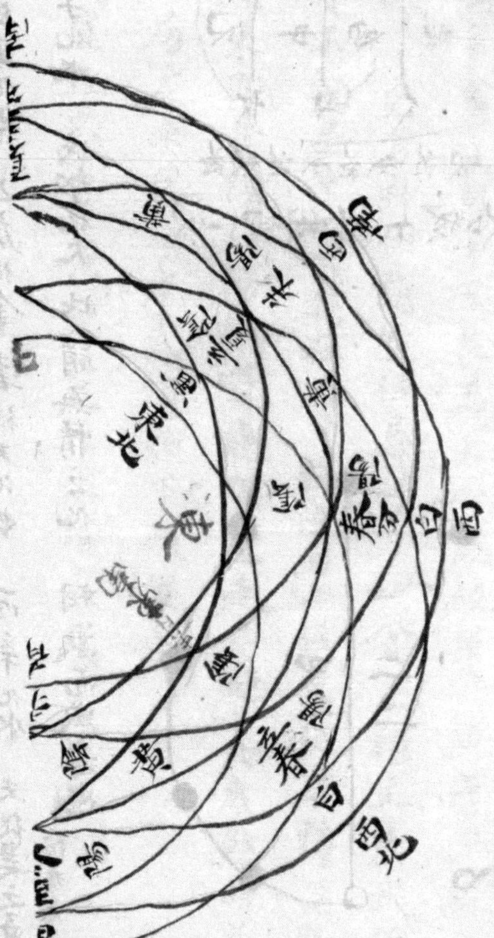

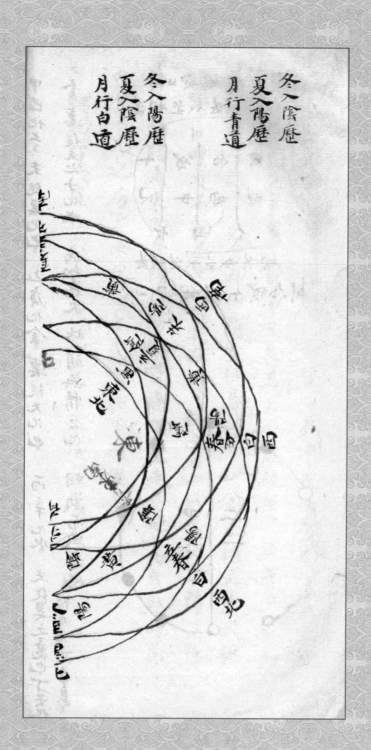

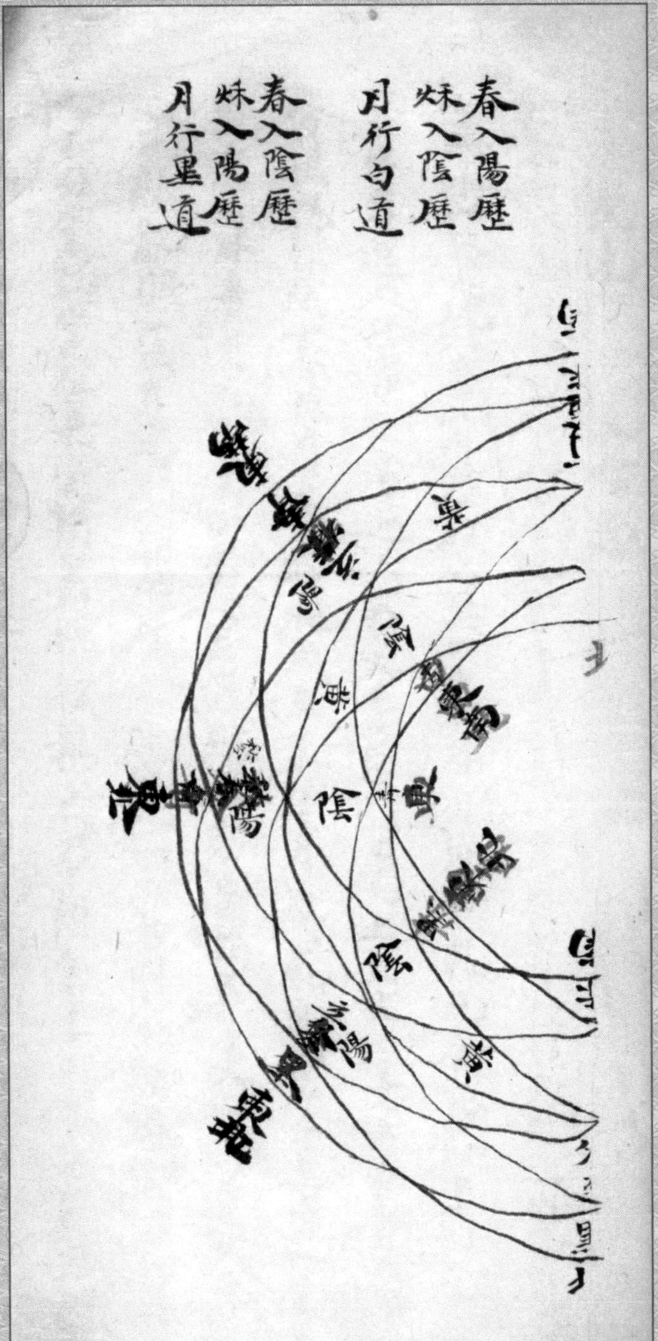
春入陽歷
妹入陰歷
月行白道
春入陰歷
妹入陽歷
月行星道

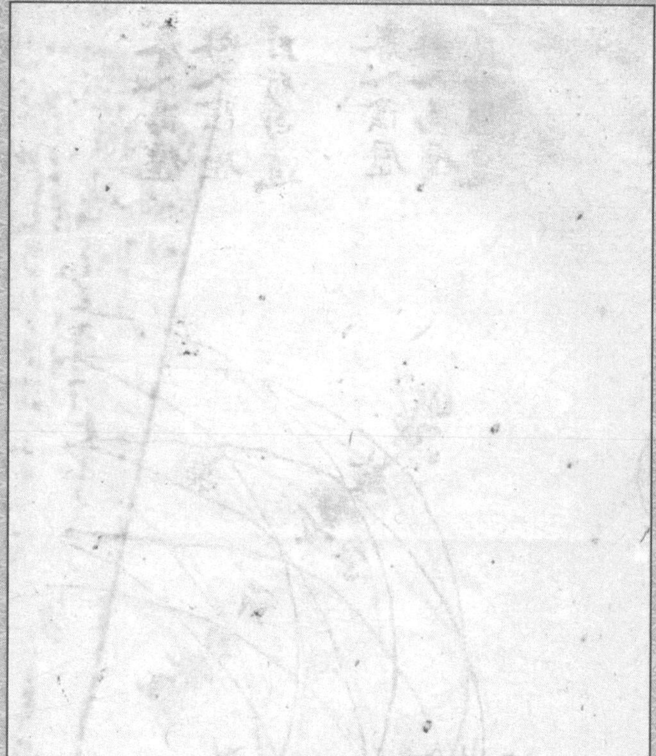

玉鑰匙

乾宅

乾宅合坎是內金生外文曲水也宮生星主進田產發貴但嫌六殺之水先損二女賊耒一次火燒一番又有墮胎之患申子辰年月應　乾宅合艮外土生內金宮生宮進人口宮生星進六畜又喜巨门屬土主生三子出善人田蚕大利但陽旺陰衰惟有疾病辰戌丑未年月應乾宅合震是內乾金剋震木外廉貞火內金宮剋宮退財星剋宮損長子文婦廉貞之火主父子離散賊盜火光寅午戌月年應乾合巽內金剋外木祿存土又生內金乾宮剋巽宮損長婦但祿存乃禍害之主主老窮風癱

婦女难產、陰旺陽衰、長子叔絕、中子辰年月應、乾合離內金尅、
離宮火尅乾宮退合、損老翁、以絕命破軍之星也、有口舌疾
首之厄、損丁三六九口、己酉丑年月應、乾合坤內金外土、坤宮生乾宮、武
金星入宅、又坤之生、主旺人財、乾坤相助、夫婦有益、子孫孝順、人物咸亨、己酉
曲丑年月應、乾合兌自內老陽金外少陰金、生氣貪狼入宅受二金
之尅、主主狂凶死、老翁不正、老婦貪淫、亥卯未年月應

坎宅

坎宅合艮內水外土、宮尅宮退人口、艮受土洩、小兒难養、艮文燋五鬼廉
貞生少陽之土而尅陽水、長房中子忤逆、損財傷丁、官司口舌、寅午戌年

年月應、坎合震內水生外木宮生宮進人口但巨門土星爲震所剋
三子俱該有病以宮剋星之故申子辰年月應、坎合巽內水生外木生（一妻四子）
氣貪狼爲坎宮所生主貴子賢孫田財大旺五男二女諸事大吉亥
卯未年月應、坎合離內水外火名曰未濟但武曲延年生坎水剋離
宮小房丁財雖旺後生瞎眼之人先吉後凶又贅剋妻巳酉丑年月應
坎合坤內水外土坤土剋坎水中男少亡絕命受坤土之生生坎兌之氣
主小房敗絕陰人太歲傷胎產難巳酉丑年月應、坎合兌內水外金
宮人（生氣）丁旺興但不宜禍害土星來剋坎水中子不利脹[illegible]不安盜賊

侵擾　申子辰年月應　坎合乾内水生外金外生内灸埋宜峥嶸
只犯六殺文曲水星相比過于旺未免陽盛陰衰先亡一男一女田蚕退敗
敗落井投河離鄉自縊墮胎難產申子辰年月應

艮宅

艮宅合震震内土外木宫剋宫長男魁少男灾禍最難當夭嬿
大殺水星入宅主死胎孕常招災盜司官申子辰年月應艮合巽
内土外木絶命破軍入宅穿宅訣云金巽母亡及長婦陰衰陽旺子孫
顛賊侵隨墮胎父子不睦義男女寄逐巳酉丑年月應艮合離内

内土外火宮生宮禄存土星入宅離又生禄存為禍之星主三房子孫疾病纏身少子与中嫂相淂申子辰年月應　艮合坤内外純土合淂貪狼生氣入宅主生貴子四五人商賈經營長子少男興旺廣置田産亥卯未年月應　艮合乾内土外金巨門土星入宅宮星相生一日事稱意只是陽土而生陽金阳旺阴衰女人多損二房忠孝中子大旺申子辰年月應　艮合兑内土外金又淂武曲延年金星入宅大吉之門少男少女多生貴子田産與旺此為阴阳中正夫婦之宅巳酉丑年月應　艮合坎内土外水穿宅訣云艮坎小口多灾疾廉貞五鬼入宅能

生邪魔主生性急心痛之人隣舍起害心火灾亦有寅午戌年月應

震宅

震宅合巽內外純木長男長女夫婦之宅田宅大旺但武曲延年是星剋宮老母少女患眼疾人口散巳酉丑年月應　震合离內木生外火貪狼生氣木星入宅星宮相生百事稱意長房生五子出秀田產大旺人口平安亥卯未年月應　震合坤內木剋外土禍害土星入宅星剋宅

訣云禍害不入震巽宮先損家財後損翁又云震巽裝成坤艮卦少男老母病連床以老母而配長男淫乱混雜田土退敗人口安妖

申子辰年月應　震合兑内木外金絶合破軍入宅穿宅訣云先剋
震巽長男女乃少女剋長男也星剋宮主損長男子孙主患瘖疾眼痛
人口难安六畜退敗盜賊侵耗巳酉丑年月應　震合乾内木外金五鬼廉
貞入宅長子先亾官司口舌邪魔纏染寅午戌年月应　震合坎内木外水
天乙土星入宅宮生宮他生我宮尅星我尅他此為巨門土星剋坎水主生三子
剋一子螟蛉称意申子辰月年應　震合艮内木外土生文曲水星入宅宮
尅宮穿宅訣云内剋外交賊不侵主家内義男有脾胃之疾星生宮
進六畜艮土又剋文曲主中男少亾或遊蕩敗家申子辰年月應

巽宅

巽宅合离内木外火天乙巨門土星為离所生主生三子三女内象生外象主家道發達宮生星主田財帛田土增進宮剋星主陰旺剋二子二女主赤色婦女當家申子辰年月應　巽合坤内木外土五鬼廉貞火星入宅主老母多病寡婦哭子穿宅訣云坤木殘龍聾黄腫病產勞傷婦母踵凶賊盜傷財魂夢顛倒寅午戌年月應　巽合兑内木外金文曲水星入宅穿宅訣云金巽母亡連長婦陰衰阳旺子孫顛主損長婦長女或墮胎申子辰年月應　巽合乾内木外金禍害土星入宅穿宅訣云禄存剋巽

損陰人以老翁而剋長婦長女（主婦女懷孕而亡或火驚恐小口亦不利）申子辰年月應　巽合坎内木外水
貪狼生氣木星入宅中男配長女夫婦之宅主生貴子五人忠良富貴亥卯
未年月應　巽合艮内文魁外象山風蠱卦絕命破軍星入宅内剋外退田土及火
火先口舌星剋宮主損小口墮胎難產巳酉年月應巽合震
武曲金星入宅主生四子死二女長男長女夫婦之宅長子顛
狂小房與旺以星剋宮之故巳酉丑年月应

離宅

離宅合坤内火外土二六煞文曲水星入宅主破財損六畜宮生宮〻魁

星主女子有墮胎陰旺陽衰黑犬作怪申子辰年月應　離合兑內火外金宮剋宮穿宅訣云廉貞到本宮每歲二房榮長子犧牲少女血光災寅午戌年月應離合乾內火剋外金破軍絕命入宅宮剋宮剋星主退田產破財賊盜失火親人爭鬥分財巳酉丑年月應離合坎內火外水武曲金星生宮主田產興旺但武曲為離宮所剋主生二子死一子或女外剋內退田產宮剋星損長子巳酉丑年月應離合艮內火外土祿存土星入宅宮生宮宮生星小口難招好人幫助疾病不免申子辰年月應宮生宮宮生星陰旺陽衰主二女一良善一

離合震內火外木、貪狼生入宅、主生五子富貴女人美貌發莊田產六畜興旺寅卯未月年應

四〇

美貌二子財富饒餘申子辰年月應

坤宅

坤宅合兌內土生外金天一巨門土星入宅宮生宮星亦生宮老母少女之宅陰旺陽衰兌女掾宅見女與旺六畜繁茂貴人扶助申子辰年月應坤合乾內土外金天地父母乾坤交泰之宅有子六人丁財昌茂武曲金星入宅男女孝順百事稱心巳酉丑年月應　坤合坎內土外水破軍絕命金星入宅宮剋宮凶星生宮比和以陽土而合陰土主老母有壽生長子窘迫奴婢逃亡有脾虛水蠱之疾巳酉丑年月應坤合艮內外純土九宮

生氣貪狼木星入宅主五子剋二

子亥卯未年月應　坤合震内土外木禍害祿存土星入宅宮剋宮邪病纏染損老母長子陰旺陽衰宮剋星孝子哭敗甲子辰年月應坤合巽内土外木五鬼廉貞入宅穿宅訣云坤巽老母美難豐宮剋宮邪穢盜賊火災時見長女帶疾寅午戌年月應坤合離合内土外火六殺文曲水星入宅外生内主發達六殺剋離中房敗壞申子辰年月應也

兌宅

兌宅合乾内外純金生氣貪狼入宅受兩金之剋主生五子損長子少女九宮比和宮剋星退田產亥卯未年月應　兌合坎内金外水中男少女之宅主生貴子

賢孫田財大旺但禍害土星入宅雖生兑宮要出殘疾之人申子辰年月應
兑合艮內金外土少男少女夫婦之宅延年武曲比和宮生星子貴孫賢四子
俱旺三六九房發貴巳酉丑年月應　兑合震內金外木絕命破軍金星入宅
內剋外主賊侵長子勞苦咳嗽不寧巳酉丑年月應　兑合巽內金外木六殺
文曲水星入宅陰人有夾賊來數次小口不安申子辰年月應　兑合離內金
外火五鬼廉貞入宅凶星剋宮主傷少女長房敗絕寅午戌年月應
兑合坤內金外土天乙巨門土星入宅主生貴子出善人田財大旺申子辰年月應
兑合兑內外純金絕金破軍入宅主損小口多生女子寡婦当家田財退

敗巳酉丑年月應

八宅總論其驗若神不可容易更作但不過言八宅禍福至化难生悬轉凶為吉其法悉未載也

月定禅師拉氣圖

乾山离旺坎丁財西北西南發即衰惟有艮震并巽土孤寡風旁疾病來

左手房門丙氣入口离宫之火生巨門坎宮貪狼之木又滑水生水生木木生火火生土戌一相生之局故巽宅离門房居坎位大旺丁財惟有乾上不可做房以禍害生乾金氣大旺主有痴聾喑啞之疾如再通艮氣破金絕命星來

寡宿風劳一齐俱有右手房門收氣乙上延年金星剋如再通艮
巽口一星而剋兩水如再占乾位金氣衰旺土金既旺木氣全無主損
長子尅夫剋妻痴聾音啞一槪宜犯所以右門之凶也

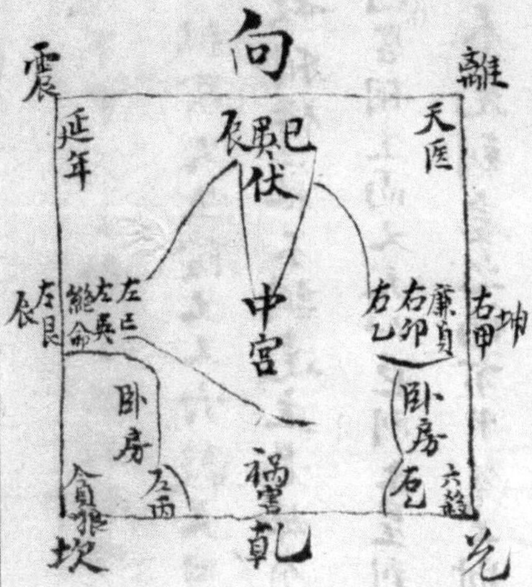

坎山震巽發財緣東北丁財西北殘下中兌上財丁旺正西坤上絕人烟左手房門未氣入口午丁之火生坤但陰火生陰土又六殺文曲水到坤主陰人經水不調多生女子或流年惡殺相併氣不調達主老母有病多皮虛發背等症右手房門從離入巽門宮相生而又天山巨門土星到巽雖與伊孚但巨門土星究被宮剋寅外流年未免剋妻之禍下中兌上財丁旺者非謂開兌門兌路下中兩元七赤主運亦主旺丁財若是上元而走兌門兌路足以敗絕所謂正西也東北丁財居艮而收丁氣年將丁財西北殘者居乾而收巽氣大損丁財以巨門土生乾宮之絕命破軍金太剋巽宮之木氣所以殘也

艮山巽上旺人財乾坎丁財反覆來兌震尋常丁殺好离艮坤方鰥寡呆

左手房門由坤入兌〻氣入口天医巨門在七赤為星生宮猶為尋常安然曷若

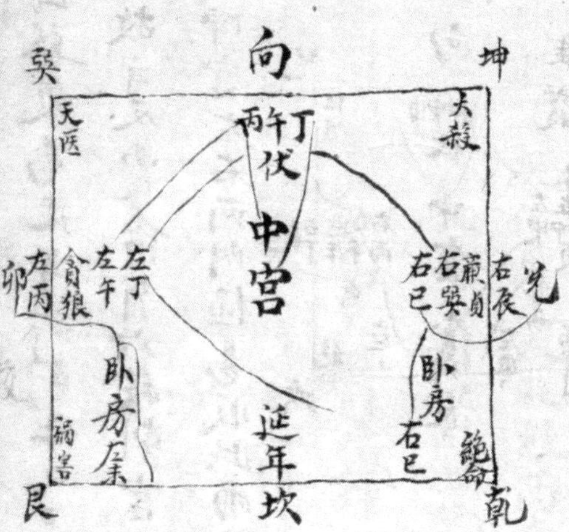

五鬼廉貞在巽為宮生星木山艮土有生氣貪狼來制故居艮而收巽氣通宅合成巽門主鬼運財來好竹人故日艮山巽山旺人財左手門房土金相生猶可發丁財氣不及巽矣巽下一卦而收乾艮山巽氣為延年所剋上元三碧丁財稍可下元中元大敗丁財甚斬丁絕嗣故方反覆齊有六殺剋宮坎有絕命生宮六殺剋宮主剋妻絕命生宮主剋夫坤宮左右兩門極易收此兩卦之氣學者其可不慎之乎

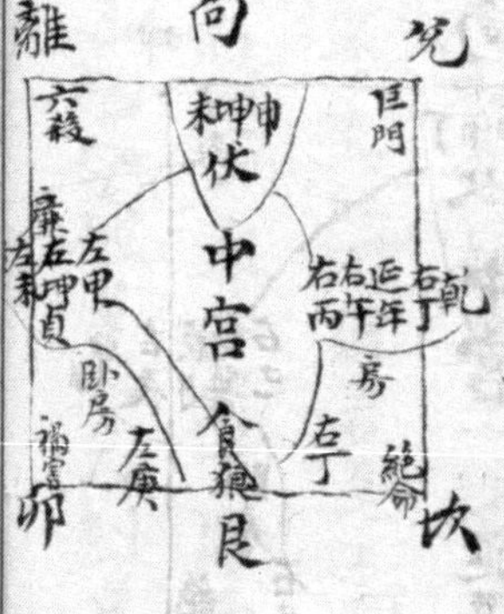

震山巽上不長春艮上增財坎旺丁乾位居之人敗絕西南一代後無人
左手房門戌氣入口乾宮生炁二金交兑應長子不利但向上兑金於本宮房
災文曲主長女風流丁不寿右手房門申氣入口爲天乙門得坤艮二土生兑金富
貴双全人丁大旺艮門土金相生財氣大旺坎兑二門金土相刑長子不利禍
害在坎官司口舌乾門生炁所居而金比剋以兑為少女乾為老陽主寵妾
咒愛巽離二門六殺在巽五鬼在离主官非盜賊艮房坤門艮土生延年兑金
比和若得之坤巨門土再生丁財大旺房在震而見坤氣以坤宮天醫制絕
命亦不妨無碍丁財若房收坤氣而收震氣震宮有絕命破軍使坤艮土
土一齐生之雖有天医亦覺力輕此不可不辨

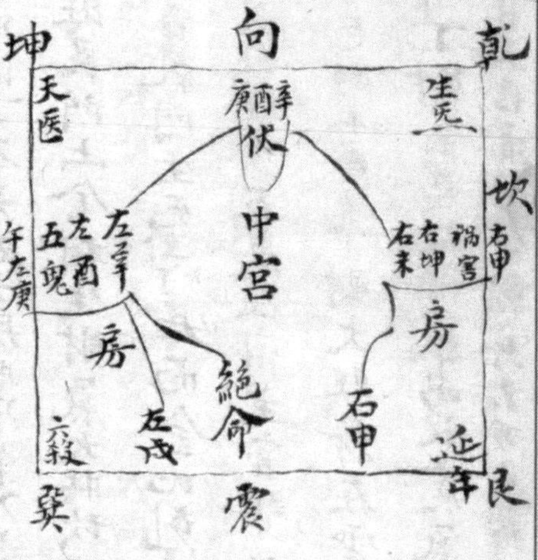

巽山坤上旺丁財卯震丁財反覆耒坎宮一代平〻吉兑艮（下上）乾宮敗患突

左手房門壬氣入口乾生六殺六殺与坎三重三氣臨門一禍力耒能制甲子辰

年多損陰人且有落水風顛之咎右手房門從乾入亥〻入辛武曲延

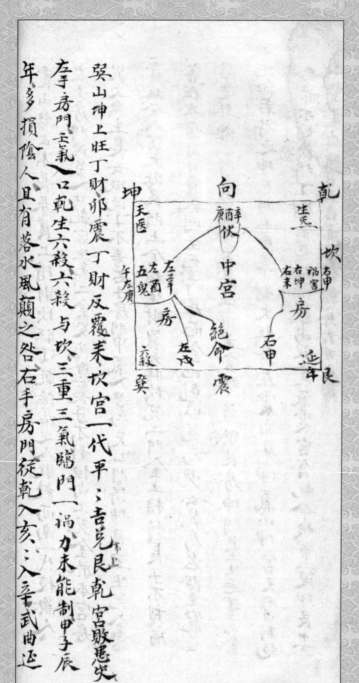

年在坤為宮生星故旺丁財一團土金相生之氣若開卯門卯路中下兩元六白七赤之運大退丁財所以謂之反覆也坎宮一代平平吉者居坎而接坤氣入門以武曲延年制六殺禍謂稍可暫若居艮而收兌氣艮生兌兌尅生氣貪狼土金俱旺木氣盡衰安可發丁財乎

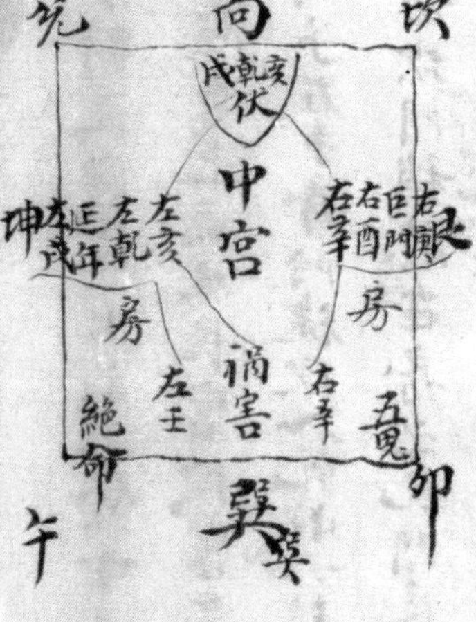

离山巽上少丁財坤上丁財反覆來上元一發中元敗艮兌乾宮不必推
左手房門坎氣入艮艮入丑廉貞之火生艮宮坎宮之水剋廉貞謂水火不
相尅主損丁破財傷夫剋子右手房門從坎入乾收（乾）六殺賴武曲迎年制之幸金
金水不為我難然左房坎門稍勝右房之乾門艮主剋夫尚可有丁乾雖有
（開卯宮卯路）
財發丁甚难居坤走通卯門卯路巨門以制絕命上元運中亦可一發中下兩
元必然退敗故曰坤上丁財反覆來巽上少丁財以坎离兩頭金待入乾
金氣三金來剋一木故少丁財艮兌乾宮不必推者艮有廉貞兌有禍
害乾有六殺或居乾而收艮兌居兌而收艮乾一脈之星升聚斷乎不可

坤山离坎旺丁財震上丁財反覆来乾癸二宮生敗絕兑宮一甲損丁財

左手房門甲氣入口六殺生卯有兑房本宮武曲延年制之其余不發

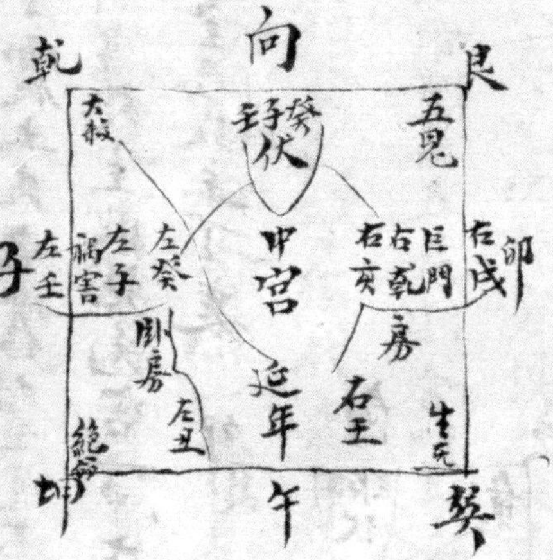

東西若在下元艮旺此門可閘若上元震旺艮宅而開震門必主傷妻剋子大退丁財右手房門癸氣入口雖有五鬼廉貞在坎若能房床居之得生氣所制亦能旺丁發財以言乎震土艮宅震門上元不用下元可用乾巽敗絕乾有巨門生宮巽有絕命剋宮故主敗絕兑宮一甲生丁衰兑宮金也或開卯位之門走甲上之路木氣入全無故主丁衰

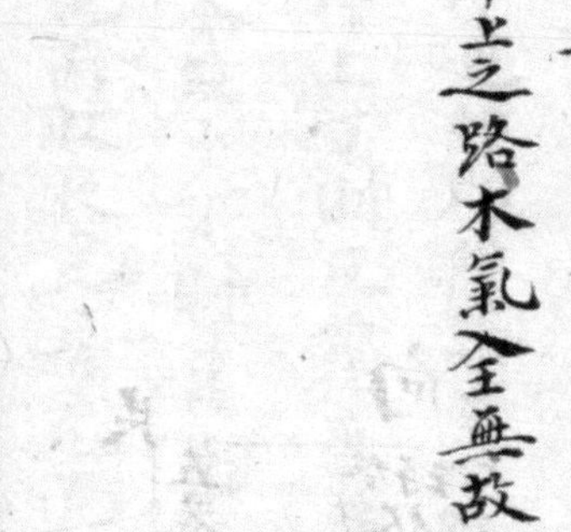

兌山離上旺丁財、初發乾坤後代衰、兌坎巽方俱絕敗、艮震凶須不可推、
左手房門艮氣入口、若得離門離路制去五鬼則合門上之木以生離火、來
生艮、雖有五鬼在乾丁財可旺、初發乾坤後代衰者、夫乾坤艮兌四門
在震兌宅必中下兩元可用、又合西四命人可以一發、若是上元主一定
退敗、右手房門寅、氣入口、震為絕命、艮有六殺、六殺滑絕命相生之力
凶須愈甚、巽宮延年金剋坎、宮巨門土剋此星剋宮、故之必敗絕此
之謂一脈凶星也、兌為絕命、坎有巨門可制、是矣、不巨門在坎、先受震木
之剋、即巨門亦力乏矣、延年在巽、对乾有廉貞火剋、延年亦屬無力、所以
兌坎巽方俱敗絕、艮震凶須不可推也

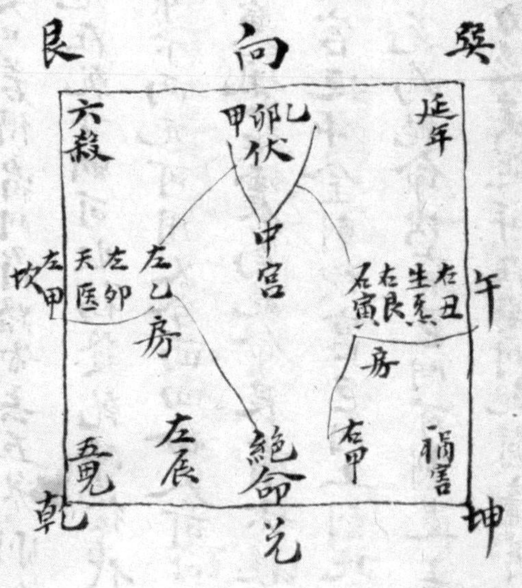

民國己卯年春季大壯月　胡煜明錄

占筮類			
1	擲地金聲搜精秘訣	心一堂編	沈氏研易樓藏稀見易占秘鈔本
2	卜易拆字秘傳百日通	心一堂編	
3	易占陽宅六十四卦秘斷	心一堂編	火珠林占陽宅風水秘鈔本
星命類			
4	斗數宣微	【民國】王裁珊	民初最重要斗數著述之一；未刪改本
5	斗數觀測錄	【民國】王裁珊	失傳民初斗數重要著作
6	《地星會源》《斗數綱要》合刊	心一堂編	失傳的第三種飛星斗數
7	《斗數秘鈔》《紫微斗數之捷徑》合刊	心一堂編	珍稀「紫微斗數」舊鈔秘本
8	斗數演例	心一堂編	
9	紫微斗數全書（清初刻原本）	題【宋】陳希夷	斗數全書本來面目；有別於錯誤極多的坊本
10－12	鐵板神數（清刻足本）——附秘鈔密碼表	題【宋】邵雍	無錯漏原版秘鈔密碼表　首次公開！
13－15	蠢子數纏度	題【宋】邵雍	蠢子數連密碼表　打破數百年秘傳　首次公開！
16－19	皇極數	題【宋】邵雍	清鈔孤本附起例及完整密碼表　研究神數必讀！
20－21	邵夫子先天神數	題【宋】邵雍	附手鈔密碼表　研究神數必讀！
22	八刻分經定數（密碼表）	題【宋】邵雍	皇極數另一版本；附手鈔密碼表
23	新命理探原	【民國】袁樹珊	子平命理必讀教科書！
24－25	袁氏命譜	【民國】袁樹珊	
26	韋氏命學講義	【民國】韋千里	民初二大命理家南袁北韋
27	千里命稿	【民國】韋千里	
28	精選命理約言	【民國】韋千里	北韋之命理經典
29	滴天髓闡微——附李雨田命理初學捷徑	【民國】袁樹珊、李雨田	命理經典未刪改足本
30	段氏白話命學綱要	【民國】段方	民初命理經典最淺白易懂
31	命理用神精華	【民國】王心田	學命理者之寶鏡

32	命學探驪集	【民國】張巢雲	發前人所未發 稀見民初子平命理著作
33	澹園命談	【民國】高澹園	
34	算命一讀通——鴻福齊天	【民國】不空居士、覺先居士合纂	
35	子平玄理	【民國】施惕君	
36	星命風水秘傳百日通	心一堂編	
37	命理大四字金前定	題【晉】鬼谷子王詡	源自元代算命術
38	命理斷語義理源深	心一堂編	稀見清代批命斷語及活套
39－40	文武星案	【明】陸位	失傳四百年《張果星宗》姊妹篇　千多星盤命例　研究命學必備
相術類			
41	新相人學講義	【民國】楊叔和	失傳民初白話文相術書
42	手相學淺說	【民國】黃龍	民初中西結合手相學經典
43	大清相法	心一堂編	重現失傳經典相書
44	相法易知	心一堂編	
45	相法秘傳百日通	心一堂編	
堪輿類			
46	靈城精義箋	【清】沈竹礽	沈氏玄空遺珍 玄空風水必讀
47	地理辨正抉要	【清】沈竹礽	
48	《玄空古義四種通釋》《地理疑義答問》合刊	沈瓞民	
49	《沈氏玄空吹虀室雜存》《玄空捷訣》合刊	【民國】申聽禪	
50	漢鏡齋堪輿小識	【民國】查國珍、沈瓞民	
51	堪輿一覽	【清】孫竹田	失傳已久的無常派玄空經典
52	章仲山挨星秘訣（修定版）	【清】章仲山	章仲山無常派玄空珍秘 門內秘本首次公開 沈竹礽等大師尋覓一生未得之珍本！
53	臨穴指南	【清】章仲山	
54	章仲山宅案附無常派玄空秘要	心一堂編	
55	地理辨正補	【清】朱小鶴	玄空六派蘇州派代表作
56	陽宅覺元氏新書	【清】元祝垚	簡易・有效・神驗之玄空陽宅法
57	地學鐵骨秘　附　吳師青藏命理大易數	【民國】吳師青	釋玄空廣東派地學之秘
58－61	四秘全書十二種（清刻原本）	【清】尹一勺	玄空湘楚派經典本來面目 有別於錯誤極多的坊本

62	地理辨正補註 附 元空秘旨 天元五歌 玄空精髓 心法秘訣等數種合刊	【民國】胡仲言	貫通易理、巒頭、三元、三合、天星、中醫
63	地理辨正自解	【清】李思白	公開玄空家「分率尺、工部尺、量天尺」之秘
64	許氏地理辨正釋義	【民國】許錦灝	民國易學名家黃元炳力薦
65	地理辨正天玉經內傳要訣圖解	【清】程懷榮	秘訣一語道破，圖文并茂
66	謝氏地理書	【民國】謝復	玄空體用兼備、深入淺出
67	論山水元運易理斷驗、三元氣運說附紫白訣等五種合刊	【宋】吳景鸞等	失傳古本《玄空秘旨》《紫白訣》
68	星卦奧義圖訣	【清】施安仁	
69	三元地學秘傳	【清】何文源	
70	三元玄空挨星四十八局圖說	心一堂編	三元玄空門內秘笈 清鈔孤本 過去均為必須守秘不能公開秘密 與今天流行飛星法不同
71	三元挨星秘訣仙傳	心一堂編	
72	三元地理正傳	心一堂編	
73	三元天心正運	心一堂編	
74	元空紫白陽宅秘旨	心一堂編	
75	玄空挨星秘圖 附 堪輿指迷	心一堂編	
76	姚氏地理辨正圖說 附 地理九星并挨星真訣全圖 秘傳河圖精義等數種合刊	【清】姚文田等	蓮池心法 玄空六法 門內秘鈔本首次公開
77	元空法鑑批點本——附 法鑑口授訣要、秘傳玄空三鑑奧義匯鈔 合刊	【清】曾懷玉等	
78	元空法鑑心法	【清】曾懷玉等	
79	曾懷玉增批蔣徒傳天玉經補註【新修訂版原（彩）色本】	【清】項木林、曾懷玉	
80	地理學新義	【民國】俞仁宇撰	
81	地理辨正揭隱（足本） 附連城派秘鈔口訣	【民國】王邈達	揭開連城派風水之秘
82	趙連城傳地理秘訣附雪庵和尚字字金	【明】趙連城	
83	趙連城秘傳楊公地理真訣	【明】趙連城	
84	地理法門全書	仗溪子、芝罘子	巒頭風水，內容簡核、深入淺出
85	地理方外別傳	【清】熙齋上人	巒頭形勢、「望氣」「鑑神」
86	地理輯要	【清】余鵬	集地理經典之精要
87	地理秘珍	【清】錫九氏	巒頭、三合天星，圖文并茂
88	《羅經舉要》附《附三合天機秘訣》	【清】賈長吉	清鈔孤本羅經、三合訣法圖解
89-90	嚴陵張九儀增釋地理琢玉斧巒	【清】張九儀	清初三合風水名家張九儀經典清刻原本！

91	地學形勢摘要	心一堂編	形家秘鈔珍本
92	《平洋地理入門》《巒頭圖解》合刊	【清】盧崇台	平洋水法、形家秘本
93	《鑒水極玄經》《秘授水法》合刊	【唐】司馬頭陀、【清】鮑湘襟	千古之秘，不可妄傳匪人
94	平洋地理闡秘	心一堂編	雲間三元平洋形法秘鈔珍本
95	地經圖說	【清】余九皋	形勢理氣、精繪圖文
96	司馬頭陀地鉗	【唐】司馬頭陀	流傳極稀《地鉗》
97	欽天監地理醒世切要辨論	【清】欽天監	公開清代皇室御用風水真本
三式類			
98-99	大六壬尋源二種	【清】張純照	六壬入門、占課指南
100	六壬教科六壬鑰	【民國】蔣問天	由淺入深，首尾悉備
101	壬課總訣	心一堂編	過去術家不外傳的珍稀六壬術秘鈔本
102	六壬秘斷	心一堂編	
103	大六壬類闡	心一堂編	
104	六壬秘笈——韋千里占卜講義	【民國】韋千里	六壬入門必備
105	壬學述古	【民國】曹仁麟	依法占之，「無不神驗」
106	奇門揭要	心一堂編	集「法奇門」、「術奇門」精要
107	奇門行軍要略	【清】劉文瀾	條理清晰、簡明易用
108	奇門大宗直旨	劉毗	天下孤本　首次公開
109	奇門三奇干支神應	馮繼明	虛白廬藏本《秘藏遁甲天機》
110	奇門仙機	題【漢】張子房	奇門不傳之秘　應驗如神
111	奇門心法秘纂	題【漢】韓信（淮陰侯）	
112	奇門廬中闡秘	題【三國】諸葛武侯註	
選擇類			
113-114	儀度六壬選日要訣	【清】張九儀	清初三合風水名家張九儀擇日秘傳
115	天元選擇辨正	【清】一園主人	釋蔣大鴻天元選擇法
其他類			
116	述卜筮星相學	【民國】袁樹珊	民初二大命理家南袁北韋
117-120	中國歷代卜人傳	【民國】袁樹珊	南袁之術數經典